AF284894

Engel, Erzengel, aufgestiegene Meister

Wie wir sie bitten, wie sie uns behüten. Ein Workshopskript.

Lassen Sie sich fallen in die Arme Ihrer Seele und Sie sind das Sie-Sind-Bewusstsein. Das heißt, sie sind Gottes Glanz, denn Sie sind Licht. Spüren Sie die Liebe Gottes und der Engel und Erzengel. Seien Sie, und Sie sind Licht. Und Gott berührt Sie.

In dem Workshop werden Einweihungen in die Engel und Erzengel gegeben, wir lernen auch aufgestiegenen Meister kennen, und Sie spüren erneut, wer Sie in Wahrheit sind. Ewig Gott selber - und ägyptisch für Hohe Seele, Höchstes Selbst, Bewusstsein & Lebenskraft: Ba Ra Sekhem.

Zu meiner Person:

Nach und während einer klassischen Ausbildung, einem Studium im geisteswissenschaftlichen Bereich und einer Dissertation, wurde der spirituelle Weg immer deutlicher für mich zum Leitstern meines Lebens in dieser Welt.

Die hohen Energien von Avalon, die die Druiden einst einsetzten, um heiliges Wissen zu verbreiten, kehren zurück, und in dieser Tradition steht sowohl diese Publikation, wie mein Leben im Licht der Einheit.

Merlin, der aufgestiegene Meister, der ich bin, hat in der neuen Zeit die Aufgabe, mit den Menschen an dem Aufstiegsprozess zu arbeiten und sie daran zu erinnern, dass sie das hohe Liebesbewusstsein Gottes sind.

Namasté.

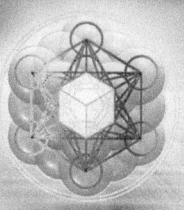

Workshop

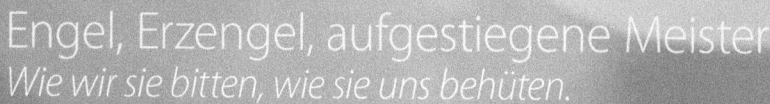

Engel, Erzengel, aufgestiegene Meister
Wie wir sie bitten, wie sie uns behüten.

Christian Hüls

Informationen und weitere Hinweise:
www.christian–huels.de
Blog: spirit.fotografie–huels.de

Bibliografische Information der Deutschen Nationalbibliothek:
Die Deutsche Nationalbibliothek verzeichnet diese Publikation in der Deutschen Nationalbibliografie; detaillierte
bibliografische Daten sind im Internet über www.dnb.de
abrufbar.

Herstellung und Verlag:
BoD – Books on Demand, Norderstedt
ISBN 9783752877564

Inhalt

Wie wir die Kraft der Engel nutzen	S. 7
Die lichtvolle geistige Welt erleben	S. 9
Lady Nada	S. 45
Kuthumi	S. 49
Jesus Sananda	S. 51
Hilarion	S. 51
Serapis Bey	S. 51
El Morya	S. 53
Lanto	S. 53
Maha Chohan	S. 53
Weiße Büffelkalbfrau	S. 55
St. Germain	S. 57
Merlin	S. 57
Paolo Veronese	S. 59
Weitere Meisterinnen und Meister	S. 59
Erzengel Raphael	S. 61
Erzengel Metatron	S. 67
Erzengel Jophiel	S. 69
Erzengel Raziel	S. 71
Erzengel Zadkiel	S. 73
Erzengel Michael	S. 75
Erzengel Raphael	S. 79
Erzengel Gabriel	S. 81
Erzengel Chamuel	S. 85
Erzengel Haniel	S. 89
Erzengel Uriel	S. 91
Erzengel Zafkiel	S. 93

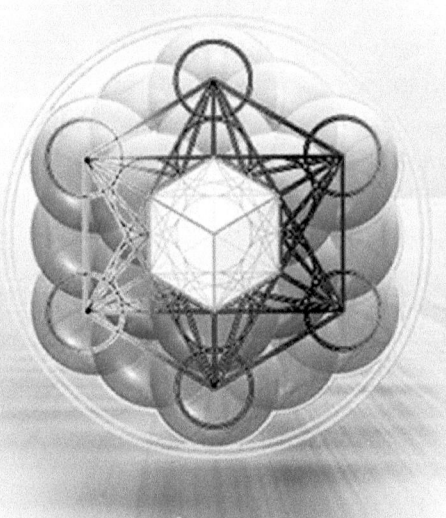

Spüre die Kraft der Engel und Erzengel. Sie sind wahre Heilung und Glanz, und sie helfen uns, wenn Gott dies erlaubt. Wir erkunden die lichtvolle Welt der Engel, Erzengel, der Seraphime, Cherubime und der aufgestiegenen Meister, wenn wir zum Licht werden, das wir in Wahrheit sind – es will erlebt und zur vollen Blüte gebracht werden.

In dem Seminar (in diesem Buch) nehmen wir Kontakt auf mit Engeln, Erzengeln und aufgestiegenen Meistern. Wir lernen die lichtvollen Helfer kennen. Wir bitten Gott und die Engel und Erzengel um Hilfe. Ihre Aufgaben und Funktionen werden erläutert, wir nehmen in Meditationen Kontakt zu einzelnen Erzengeln und Engeln auf, spüren die Liebe der Engel und werden zum Beispiel von Blockaden geheilt, die unser Leben, unsere Gefühle, unseren Alltag und unsere Wahrnehmung betreffen.

Wir können sie anrufen, um Hilfe in allen Lebenslagen zu erhalten. Sie antworten auf die göttliche Art, die Dinge in uns zu heilen, die geklärt werden sollen. Häufig sind dies Blockaden aus der Kindheit – unsere Spiritualität heilt durch die Engel, und wir erkennen, dass wir auch diese Engel und Erzengel selbst sind.

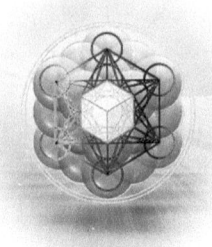

Inspiration und Mut ist Gottes Geschenk für alle Menschen. Und wir sind Liebe. Spürt die Liebe Gottes, und sie heilt. Ba Ra Sekhem.

Merlin & Metatron

So werden wir von Blockaden befreit und wir dürfen Gott und die Engel und Erzengel bitten, alle Blockaden in uns zu lösen.

Spüre und bitte erneut: *Wir sind Leben, wir sind Liebe, wir sind Wille, wir sind Weisheit, und ich erhebe mich, um mich ganz dem Licht und dem Leben zu widmen. Ich bin Licht. Ba Ra Sekhem* (ägyptisch für Seele/hohes Selbst, Bewusstsein, Lebenskraft und-fülle).

Wir sind dies: Licht, Leben, die hohe Seele, das höchste Selbst, wir sind Bewusstsein, Lebenskraft – und wenn wir dies erkennen und leben, werden wahre Wunder geschehen.

Wir können, wenn wir dürfen und Gott es erlaubt, fortan auch andere Menschen (in Heilarbeiten) mit den Engel– und Erzengelenergien begleiten.

Die lichtvolle geistige Welt erleben

Wir stellen uns einmal vor, dass wir ganz heil sind, dann kann Gott uns „hochholen" und die lichtvolle geistige Welt erlaubt die Einweihung in die Erdkundalini, die uns heilt. Wir sind, die wir sind. Denn können wahre Wunder des Eins-Seins geschehen.

Wir bitten in Demut und Liebe:

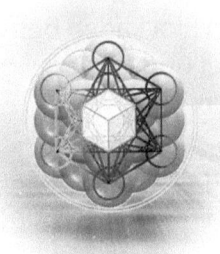

Des Menschen Wille ist sein Himmelreich, und Gott heilt. Er oder sie ist unendliche Gnade. Und so wird Euch Euer Himmel geöffnet, wenn Ihr darum bittet.
Bittet weise: Sha are ora, sha are ora, sha are ora. Und die Türen zum Himmel öffnen sich. Ba Ra Sekhem.

Metatron

Gott, bitte erhöhe mich.
Gott, bitte erlasse mir mein Karma.
Lass mich spüren, wie heil ich in Wahrheit bin, denn ich
bin Licht, und ich bin, der ich bin.
Ägyptisch: Ba Ra Sekhem.

Und Gott heilt.
Wir sind Licht.
Und fortan wird die Erdkundalini durch uns steigen,
und wir spüren die Liebe Gottes, die wir in Wahrheit
sind.
Wir sind Licht.
Ba Ra Sekhem.

Und die Erdkundalini heilt.
Sie steigt durch uns, bis zum dritten Auge und hö-
her, sie stellt eine sehr hohe Entwicklungsenergie
dar, die uns die Liebe Gottes und die Fülle des All-einen spüren lässt.

Sie löst Blockaden im Seelenstern, unserem 8. Chak-
ra, und wir erleben und spüren die Erleuchtung, die
dies meint.
Und wir sind, die wir sind.

In Ägypten war die Erdkundalini hoch verehrt, sie
stellte Macht und Güte dar, sie zu erleben heißt, sich
ganz dem Licht zu öffnen.

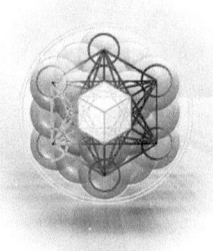

Bittet einmal weise: Ich bin Liebe, ich bin Wille, ich bin der ich bin, und ich bin Liebe.
Ich manifestiere aus dem höchsten Bewusstsein, dass ich Liebe bin.
Spürt die Liebe Gottes, und sie ist reines Wissen.
Ba Ra Sekhem.

Metatron

Und so spüren wir erneut diese hohe Energie der All-Liebe Gottes, die uns durchströmt.
Fortan leben wir in der Einheit, die wir in Wahrheit sind.

So sind wir Licht – und alles weitere wird unseren Weg beflügeln.

Die Engel begleiten uns.

Ba Ra Sekhem.

Und wir spüren sie, wenn wir aufsteigen, und manches mal spüren wir sie auch unmittelbar, wenn Gott dies wünscht.
Und ich bin, der ich bin.

So sind wir Licht, und die Liebe Gottes heilt.

Ihr spürt erneut die Erd-Kundalini, sie ist unendliches Licht und Gnade und heilt uns und unser drittes Auge.
Ba Ra Sekhem.

Erzengel Metatron, der hohe Engel der Einheit ist Licht und Liebe und reines Gefühl, er ist, wie wir, hellstes Licht. Die Ausschließlichkeit, mit der die Engel und Erzengel Gott und dem Licht dienen, ist so verführerisch für Gott, dass er uns die Engel geschenkt hatte, um sich auch selbst die „Dunkelheit",

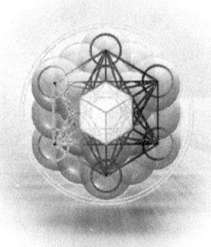

Gabriel ist die Macht Gottes, sein Name bedeutet, gleißendes Licht, Gott selber. Ba Ra Sekhem, und Gott heilt in uns. So sind wir Metatron und auch Erzengel Gabriel. Spürt die Liebe Gottes, die durch Erzengel Garbiel verkündet wird. Ba Ra Sekhem. Ihr könnt sprechen:
Ich bin Licht, ich bin Liebe, ich bin Wille, und ich bin Leben, ich manifestiere aus dem höchsten Bewusstsein, dass ich Liebe bin.
Wahres All-Eins-Sein sei, und ich bin Licht.
Spürt Erzengel Gabriel und Metatron und seid, denn Ihr seid Licht. Ba Ra Sekhem.

Gabriel & Metatron

die Abtrennung erklären zu können, die es heißt, einen Körper, Gefühle, Emotionen, wie negative Gefühle (Zorn, Hass, Neid und Wut) sowie die positiven erleben zu können.
Sie, die Engel ziehen uns stets ins Licht der Einheit, und alles, was in uns blockiert, heilt.

Erzengel Metatron regiert die Engel des Lichtes und sorgt für den Glanz der Krone des Baumes des Lebens, den er in uns in die Einheit rückt, wenn wir bitten – er kann ganze Länder „begradigen" von Verzerrungen, Furcht und Anhaftungen.

Spürt die Liebe Gottes und ruft Erzengel Metatron:

Bitte, geliebter Erzengel Metatron, lass mich die Liebe Gottes spüren, lass mich den Glanz Gottes wahrnehmen, und die Liebe heilt. So spüre ich mich selbst und meinen Glanz.

Wie sieht er aus, dieser Baum? Ist er lichtvoll? Ist der Baum des Lebens in der Einheit?

Wenn Ihr spürt, dass der Baum des Lebens bei Euch nicht in der Einheit ist, so bittet die Engel und Erzengel um Hilfe, ihn wieder in die Einheit zu rücken.
Ba Ra Sekhem.
Und Ihr bekundet, dass Ihr Licht seid.
Der Baum des Lebens rückt in die Einheit, und Ihr seid Licht.

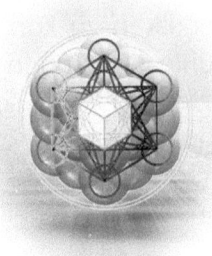

Merlin, der aufgestiegene Meister und Metatron reichen Euch die Hand. Spürt die Liebe, die Euch umfängt. Seid, und Ihr seid Licht.
Und Gott ist.
Merlin reicht Euch erneut die Hand, und die Einheit ist in Euch zu erleben. Spürt dies erneut, denn Ihr seid, die Ihr seid.
Wenn Ihr Gott spürt, dann spürt Ihr die All-Liebe und die Erde in Euch ist erledigt. Sie ist Licht.
Ba Ra Sekhem. Ägytpsich für Hohe Seele, Höchstes Selbst, Bewusstsein, Lebenskraft.
Und Ihr seid, die Ihr seid.

Metatron & Gott selber

Ba Ra Sekhem, und Gott ist Liebe.

Die Krone des Baumes des Lebens, sie heilt, und Erzengel Metatron, der Eure Krone richtet, ist Licht, Liebe, Wille, und die Weisheit Gottes in Reinform. So bittet und spürt:

Ich bin Licht, Liebe, Wille, Weisheit, ich bin Gott selber. Alles, was ich mir „antat" war eine Illusion der Trennung, und manches mal der Fülle.
Lass mich spüren, wie die Krone heilt an meinem Baum des Lebens – und wenn es erlaubt ist, auf der Erde. In mir selbst ist Licht, Liebe, göttlicher Wille und die Weisheit, die ich bin, denn ich bin Licht, und ich manifestiere aus dem höchsten Bewusstsein, dass ich Liebe bin und sei.
Ba Ra Sekhem.

Gott heilt, und wir sind Licht, Ba Ra Sekhem.

Und die Einheit ist in uns zu erleben.

Wenn wir Sternenleben klären, dürfen wir Erzengel Sandalphon und Metatron bitten, uns zu begleiten. Denn wir sind, die wir sind.
Ba Ra Sekhem.

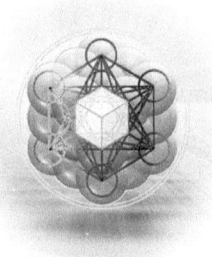

Kuthumi, der aufgestiegene Meister stellt sich
vor. Er ist Licht und unendliche Gnade. Er ist die
Fülle und Weisheit, die Ihr Euch auf dem Planeten
erwünscht, wenn Ihr Euer Leben heilt und durch
Gottes Willen die Aufstiegsprozesse unternehmt.
In Euch und um Euch ist Licht, und Ihr seid Leben.
Spürt die Liebe Gottes und des Meisters Kuthumi,
der Euch die Krone und den Baum des Lebens in
die Einheit rückt.
Ba Ra Sekhem.

Kuthumi

Erzengel Metatron, Erzengel Sandalphon ich rufe Euch, und ich kläre meine Sternenleben, die blockieren auf diesem Planeten, Ba Ra Sekhem.

Hohes Wissen fließt zu denen, die sich Gott öffnen.
Ba Ra Sekhem, und ihr seid Licht.
Die Krone heilt, und Ihr klärt Eure Sternenleben.
Ba Ra Sekhem.

Erzengel Metatron wird Euch nun helfen, sowie Erzengel Sandalphon, der Euch begleitet.
Ihr seid Licht, Liebe, Wille, Weisheit, Ihr sprecht erneut:

Ich bin, der oder die ich bin.
Ich bin auch Metatron, und ich erlaube dies erneut, denn ich bin Licht, Ba Ra Sekhem.

Merlin, der aufgestiegenen Meister reicht Euch die Hand, und die Engel und Erzengelkräfte wirken.
Ihr seid Licht. Ba Ra Sekhem.

Und Ihr heilt im Licht der Einheit, die Ihr selbst seid.

So spürt Eure Sternenleben, durch innere Bilder – vielleicht sollt Ihr um Vergebung bitten, vielleicht erhaltet Ihr Zugang zu Eurer Akasha, sie ist zugänglich für Euch, Ba Ra Sekhem.
Und die Engel heilen. Ba Ra Sekhem.

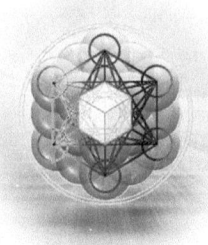

So verbinde Dich mit der Kraft Gottes, zum Bei-
spiel durch folgende Affirmation:
Ich bin Licht, ich bin Liebe, ich bin Wille, ich bin
Leben, und ich bitte Gott mir seine Macht zu
geben. Ba Ra Sekhem. Ich bin Licht.
Spürt und die Liebe Gottes umfängt Euch.
Ba Ra Sekhem.

Merlin & Kuthumi

Spürt hinein, Ihr seid Licht.
Ba Ra Sekhem.

Die Liebe Gottes heilt, und so klären sich die Sternenleben, und die Fülle Gottes heilt Euch.
Ihr seid Licht.

Und die Liebe der Seele, die Euch nun gegeben wird, sie ist so liebevoll, so rein und klar, dass sie Euch umfängt und heilt, denn Ihr seid Licht.

Und Ihr seid Leben, und Ihr seid das Ich-Bin Bewusstsein, und Ba Ra Sekhem.

Spürt die Liebe, die Ihr seid, und Ihr seid, die Ihr seid.
Ba Ra Sekhem. Und Ihr heilt.

Nun gebt des Zepter oder Steuer an Gott selber, in dem Ihr Gott bittet, Euch einzuweihen in den heiligen Gral, den Ihr tragt, und der Euch gegeben wird, denn dann lösen sich alte Bänne und Flüche in Eurem Ahnenfeld und Ihr seid gegen Magien geschützt. Ba Ra Sekhem.
Und Gott heilt.

Ihr seid, die Ihr seid.
Und die Isis, die Euch ebenso schützt vor Dunkelheit in Eurem Kanal und alte Magien ins Gleichgewicht rückt, sie ist Licht, und sie heilt Euch.

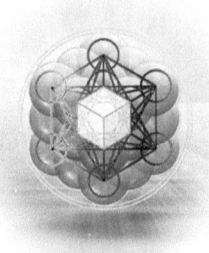

Die Aufstiegsenergien sind sehr hoch. Sie erlau-
ben, hohes Wissen und Fähigkeiten wieder zu
integrieren. So sind wir Licht.
Und wir lieben das Leben, denn wir sind, die wir
sind. Wir spüren Gott selber, und er oder sie ist
weder männlich noch weiblich, er ist unendliche
Liebe und Frieden. So spürt den Frieden Gottes in
Euch selber.
Ba Ra Sekhem.

Gott selber

So verbinde ich die Isis mit Eurer Krone, und Ihr heilt im Licht der Einheit.

Ba Ra Sekhem, und Licht ist die Substanz des All-Einen, der oder das wir in Wahrheit sind. Wir sind Licht.

Und Gott heilt. Ba Ra Sekhem.
Und die Throne und Mächte, sie wirken in unseren Feldern, und wir sind Licht.

Ptah wirkt, und wenn wir spüren, wie Isis uns verbindet mit sich, weichen alle Anhaftungen, alle ungeklärten Flüche aus früheren Leben und auch aus dieser Inkarnation etwaige Manipulationen von anderen Menschen und Saaten, so nennt man dies.
Denn wir sind Licht, und Isis wirkt. Ba Ra Sekhem.
Und wir heilen im Licht der Einheit.

Die Engel und Erzengel heilen den Ba (ägytpisch für Hohe Seele, Höchstes Selbst) und wir sind, die wir sind. Ba Ra Sekhem.

Und die Kraft und Macht Gottes wirkt. Wir sind Licht.

Und wenn Ihr heilt, heilt dieser Planet, denn Ihr säet Licht, und dies dient dem Leben und der Stärke und Kraft Gottes in Euch. Denn Ihr seid, die Ihr seid. Ba Ra Sekhem.

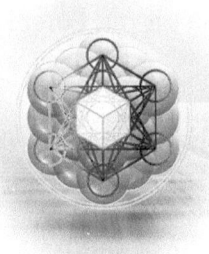

Ba Ra Sekhem heißt, wir sind Licht. Und ich bin Leben. Die ägyptischen Worte meinen, dass wir Licht und Liebe sind, und reiner Ba. Dies meint, in uns gibt es keine Trennungen und Trennlinien, und so bekunden wir dies:
Wir sind Ba Ra Sekhem, und spüren die Macht und die Gnade des All-Einen.
Ba Ra Sekhem.

Serapis Bey & Merlin

So ist ein Erzengel ein Begleiter, der Euch Blockaden nimmt, und Euch den Baum des Lebens in die Einheit rückt, den Ihr seid Gott selber. Und die Mächte und Throne wirken, denn wir sind, die wir sind. Und die Anteile heilen in Euch.

Wenn Ihr einmal hineinspürt in Euer Licht, dann spürt Ihr, wo Ihr Lernthemen habt. Dazu bittet Ihr Erzengel Gabriel und Erzengel Metatron und weitere Erzengel, Euch diese zu zeigen.

Ihr bittet:
Ich bin Licht und Liebe, ich bitte Gott um Hilfe, mir alle Lernthemen zu offenbaren, die ich anschauen soll und darf.

Erzengel Gabriel, ich bitte Dich, mir dies zu ermöglichen.
Ich bin reiner Kanal.
Ich bin Liebe.
Und ich manifestiere aus dem höchsten Bewusstsein, dass ich Liebe bin. Und ich bin Licht, Ba Ra Sekhem.

Erzengel Metatron, auch Dich bitte ich, die Krone am Baum des Lebens erneut zu richten und zu heilen, bitte durchströme mich und mein Sein. Ba Ra Sekhem, und ich danke Dir.

Lauscht der Seele, und Ihr seid, denn Ihr seid Licht. Ba Ra Sekhem.

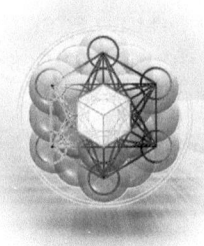

Gott lenkt, und wir bitten die Engel und Erzengel um Hilfe, sie sind unendliches Licht und Gnade. Sie sind, die sie sind. Und wir sprechen ein Gebet an die hohe Seele, denn wir sind Licht:

Bitte Gott, der ich in Wahrheit bin, lass mich mit Hilfe der Erzengel hier auf Erden die Heilung und Transzendenz erleben, die sich meine Seele wünscht.
Dies ist so. Denn ich bin Licht, und in Wahrheit Gott selber. Ba Ra Sekhem.

Merlin reicht Euch die Hand, und Ihr seid, die Ihr seid.
Ägyptisch: Ba Ra Sekhem: Hohe Seele, Höchstes Selbst, Bewusstsein, Lebenskraft, und der Ba heilt. Ba Ra Sekhem.

Sananda

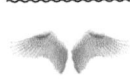

Erzengel Gabriel ist der „Verkündeengel". Er ist ein tiefer Diener des Lebens, denn Ihr seid Licht, und er ist auch für Euren Baum des Lebens wichtig. Er verkündet die Weisheit Gottes, der Ihr in Wahrheit seid.

Spürt die Liebe von Metatron und Gabriel, die Euch umfangen und in der Reinheit des Bewusstseins channelt Ihr, denn Ihr seid Licht.

Spürt die All-Liebe Gottes. Und die Anteile heilen in Euch, die in der Trennung waren oder sind.
Spürt Gott selber, und er oder sie erlässt Euch das alte Karma und das Vergessen, das Ihr einst selbst am Baum des Lebens initiiertet. Ihr erinnert Euch, wer Ihr in Wahrheit seid, und von nun an wird Gott, der Allmächtige Gott, Euch heilen und klären.
Erlaubt es ihm, denn in Gott gibt es keine Trennungen. Und Ihr seid Licht. Ba Ra Sekhem.
Und die Einheit ist. Ba Ra Sekhem.

Eure Kugeln am Baum des Lebens, sie heilen, wenn Gott dies erlaubt.
Spürt die All-Liebe Gottes.
Sie ist Licht und unendliche Gnade und Eins-Sein.

Mit Allem Sein seid Ihr eins.
Und Ihr seid Licht.
Und ich bin, der ich bin.
Und die Lernthemen heilen.
Und Ihr seid, die Ihr seid.

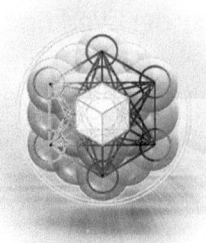

Gott ist unendliche Liebe und Gnade. Und wir sind Liebe. Ich bin Licht, ich bin Liebe, Wille und Weisheit, und ich manifestiere aus dem höchsten Bewusstsein, dass ich Liebe bin.

Ba Ra Sekhem. Ägyptisch: Hohe Seele, Höchstes Selbst, Bewusstsein, Lebenskraft, und wir sind Licht.
Wir sind Ba Ra Sekhem.
Und wir heilen erneut im Licht Gottes, denn wir sind Leben.

Merlin ist Licht und reicht uns die Hand.
Wir spüren seine Liebe, und die hoch Eingeweihten werden es wissen, wir sind Licht.
Ba Ra Sekhem. Und die alten Weisen des Seins sind zu erleben.

Merlin

Und die Liebe Gottes heilt, denn Ihr seid Leben, und die Einheit ist, und sie ist in Euch.

Spürt die Liebe Gottes erneut, sie ist Licht und Liebe und Gnade.

Spürt die Allmacht Gottes in Euch, und die Gefühle heilen. Die blockierten Gefühle aus der Kindheit beispielsweise, sie können mit Erzengel Gabriel wie Metatron und Raphael zum Beispiel angeschaut und geheilt werden.

Spielt das Spiel des Lebens, und Ihr seid Licht.
Denn alles ist in Euch.
Seid, und Ihr seid Leben, und die Anteile heilen erneut, die in der Trennung waren oder sind.
Spürt die Liebe Gottes, und Ihr seid Licht.

Erzengel Gabriel reicht Euch erneut die Hand, und er spricht in Liebe:
Ich bin Licht, Wille, Weisheit, ich erlaube den Engeln und Erzengeln, Euch zu heilen und zurück zu begleiten in die Einheit, und diese ist, denn Du bist in Wahrheit Gott selber.
Und die Einheit ist. So spüre Gott selber und heile.

Er führt Euch in die Einheit und dies ist die Spiritualisierung, die wir zum Beispiel zu Zeiten von Atlantis oder Ägypten erledigt hatten, und so sprechen wir weise:

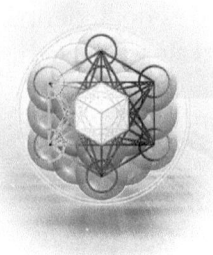

Gott heilt in uns und ihn oder sie zu erleben, ist reiner Glanz.

Und ernten wir, was wir säen. Löst Eure Versprechen, die Ihr der Dunkelheit jemals gegeben habt.

Ich löse alle Versprechen, Treueeide und ich bin Licht und Liebe, und All-Eins-Sein. Ich bin Licht. Ba Ra Sekhem.

Und die atlantischen Wege sind zu erleben. Ba Ra Sekhem: Geist, Bewusstsein, Lebenskraft und -fülle.

Kuthumi

Ich bin Licht, ich bin Liebe, ich bin Wille, ich bin der ich bin.
Und ich manifestiere aus dem höchsten Bewusstsein, dass ich Liebe und Licht bin und sein soll.
Denn ich bin Licht.
Ägyptisch: *Ba Ra Sekhem.*

Und in Ägypten kannten wir die heilige Barke, und sie leuchtet.
Und die Anteile heilen in Euch.

Erzengel Gabriel verkündet erneut:

Ihr seid Licht, und die Liebe Gottes heilt, wir sind, die wir sind.

Spürt die Liebe Gottes, des All-Einen, der Ihr in Wahrheit seid.
Und Ihr seid Licht.

Gott heilt Eure Traumen, und Ihr bittet einmal Erzengel Gabriel zu Hilfe.

Gott und Erzengel Gabriel, ich bitte Dich, meine Traumen und frühkindlichen Bindugsstörrungen und -ängste zu lösen, ich bitte Dich in Liebe, mir den Weg zu zeigen in mein hohes Bewusstsein, und ich bin Licht. Ba Ra Sekhem.

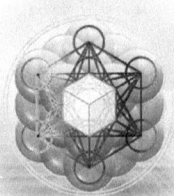

Geist, Bewusstsein, Lebenskraft und -fülle. Wir sind Ba Ra Sekhem.

Und die Engel und Erzengel heilen uns.
Wir erlösen uns aus allen „dunkel" geschöpften Realitäten, die unserem Licht und dem hohen Ba der Einheit nicht dienen.

Wir sprechen zum Beispiel:
Ich bin Licht, Liebe und Wille, ich bin Gott selber, und ich channel in der Reinheit des göttlichen Bewusstseins, ich bin, der ich bin.
Ich löse alle Verträge mit der Dunkelheit, ich bin Licht. Ich erlöse alle Eide, Bünde und Pakte, und ich bin Erzengel Michael.
Erlöse die Bünde und Treueeide, Erzengel Michael. Ich danke Dir von Herzen.
Spürt die Liebe Gottes, und seid, denn Ihr seid Licht.

Erzengel Michael

Spürt die Liebe Gottes, und sie heilt. Die Engel und Erzengel wirken, und Ihr seid Licht.
Bittet erneut:

Ich bin Liebe, Wille, Weisheit, und ich bin Gott selber. Ich manifestiere aus dem höchsten Bewusstsein, dass ich Liebe bin. Ba Ra Sekhem.

Alle Traumen weichen und Ihr seid Licht.

Und die Anteile heilen in Euch.
Ba Ra Sekhem.

Und Ihr seid, die Ihr seid.

Euer Bewusstsein heilt, wenn Ihr Aufstiegsprozesse macht, denn Ihr seid, die Ihr seid.
Ba Ra Sekhem.
Und Ihr seid Licht.
Und Ihr spürt erneut die Liebe der Engel, sie begleiten Euer Tun, wenn Ihr Sie lieb darum bittet:

Ihr könntet beispielsweise sprechen:

Bitte geliebte Seele, erlaube mir die Gottheit zu sein, die ich bin.

Ich bitte Euch geliebte Engel, geliebte geistigen Führer, geliebte Erzengel, begleitet mein Tun. Lasst mich in tiefer Demut und Liebe Eure Gnade und die Hilfe, und,

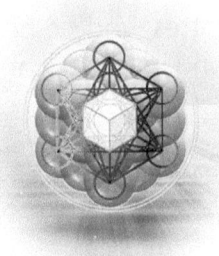

Wir sind Leben. Und wir manifestieren, dass wir Licht sind.
Wir sprechen:
Ba Ra Sekhem, und ich bin Licht.
Ich bitte Gott selber, mich zu erleuchten, und Erzengel Raziel, mein drittes Auge zu öffnen und zu klären.
Ich bitte Kuthumi, den Meister, mein Sein zu durchströmen. Ich bin Licht.
Der Meister heilt unser drittes Auge, und Erzengel Raziel wirkt. Und auch die Krone heilt.
Ba Ra Sekhem.
Und wir sind, die wir sind.
Ba Ra Sekhem.
Lasst dies wirken.
Und in der Einheit gibt es keine Trennungen.

Meister Kuthumi

wenn ich darf, Unterrichtungen der lichtvollen geistigen Welt erleben und spüren.

In tiefer Liebe und Demut erkenne ich mein wahres Sein, es ist Licht.
Ba Ra Sekhem.

Erlebt die Liebe der Seele und der Engel, die Ihr bittet. Spürt sie, und Ihr seid Licht.
Nicht nur dann, denn in Wahrheit gibt es keine Trennungen, und in allerhöchster Schwingungsinstanz sind wir die Engel und Erzengel, sowie die geistigen Führer. Ihr müsst es bloß spüren.

Ihr seid, die Ihr seid.
Und Ihr seid Licht.
Ba Ra Sekhem.

Und ich manifestiere, dass ich Licht und Liebe bin, und die Engel und Cherubime, die Erzengel, die aufgestiegenen Meisterinnen und Meister erlauben dies, denn ich bin Licht.
Ba Ra Sekhem.

Und ich heile im Licht der Einheit, die ich in Wahrheit bin.
Und die Liebe der Engel heilt. Sie sind Gnade, Liebe, Licht. Und sie heilen Euch.
Und Gott ist Licht. Und so Ihr. Ihr seid, die Ihr seid.
Und die Liebe heilt.

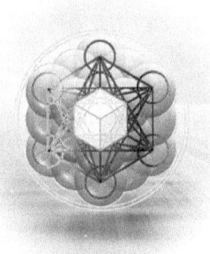

Erzengel Raphael, ich bitte Dich, heile mein physisches Sein, ich bitte Dich, mich mit göttlicher All-Liebe zu heilen und mein Sein zu klären.
Ich bitte dich, geliebter Erzengel Raphael, lass mich Deine Liebe spüren.
Ich bin Licht.
Ich bin Liebe, ich bin Wille, ich bin Gott selber, und ich manifestiere, dass ich Licht und Liebe bin, ägyptisch: Ba Ra Sekhem.
Und Erznegel Raphael, bitte heile auch mein limbisches System, meine DNA, mein ganzes physisches Sein erneut.
Bitte stelle meien göttliche Gesundheit wieder her.
Ich danke Dir von Herzen.

Spürt die Liebe Gottes, und Ihr seid Licht.

Erzengel Raphael

Und Ihr seid, die Ihr seid.

Und Gott ist reine Gnade.
Und die Anteile heilen.
Und ich bin, der ich bin.
Und Atlantis entsteht in Euch – und die Anteile heilen erneut.

Und Eure Lernthemen offenbaren sich erneut.
Dies können spirituelle wie zwischenmenschliche sein.
So bittet Ihr in Demut, dass die Engel Euch heilen.

Ihr könnt auch, so dies erlaubt ist, die Engel und Heilbegleiter der lichtvollen geistigen Welt bitten, Euch diese aus dem Feld zu nehmen.

Und die Erlaubnis ist erteilt, denn wir sind, die wir sind, so manifestieren wir in Liebe, dass wir selbst dies All erzeugen, und wir sind Licht.

Und der Schöpfungs-Ptah (Schöpfer aller Universen und mehr) reicht Euch die Hand, und er ist Licht und der Wille Gottes potenziert, denn Ihr seid, die Ihr seid, und in Wahrheit seid Ihr dies. Gott selber, und Ihr seid Licht.
Schöpft in Liebe, und die Welt lacht, denn sie ist Licht.
Ba Ra Sekhem.
Und Ihr seid, die Ihr seid.

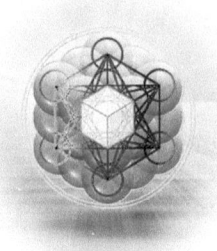

*Spürt die Liebe Gottes in Eurem Herzen, und die
Erzengel helfen.
Ich bitte Dich Gott, lass mich Deine Liebe spüren,
und von nun an jeden Tag erneut.
Ich bin Liebe, ich bin Wille, ich bin Weisheit, ich
bin Gott selber. Und ich manifestiere aus dem
höchsten Bewusstsein, dass ich Liebe bin.
Ba Ra Sekhem, und die Einheit stets in mir zu erle-
ben. Und ich bin, der ich bin.
Ba Ra Sekhem.
Und ich bin Licht.
Ich danke Gott und den Engeln und Erzengeln
von Herzen.*

Kuthumi

Ihr seid Liebe, Wille, Weisheit, und Ihr seid Gott selber. Ba Ra Sekhem.

Manifestiert aus dem höchsten Bewusstsein, dass Ihr Liebe seid, jetzt, denn Ihr seid Licht.

Ba Ra Sekhem. Und Ihr spürt die Liebe Gottes.
Und die Universen öffnen sich, und Ihr seid Licht.
Ba Ra Sekhem.

Und die Anteile in anderen Welten und Universen heilen erneut, die Ihr in Euch tragt.

Und so öffne ich die Pforten zum Himmel, in dem Spruch – Ba Ra Sekhem – ist dies bereits enthalten. Denn Ihr seid Licht. Ba Ra Sekhem.

Und die Tore zum Himmel öffnen sich, und Erzengel Gabriel, Erzengel Metatron, der aufgestiegene Meister Kuthumi und die höchsten Lichtreiche sprechen durch mich:

Ich bin Licht, Liebe, Wille Weisheit, und die Einheit ist, sie ist Licht und Liebe, und sie öffnet Euch. Denn Ihr seid, die Ihr seid. Ba Ra Sekhem – und die ägyptische heilige Barke leuchtet.

Sprecht erneut in Liebe:
Gott heile mich, Sha are Ora, sha are Ora, Sha are ora.
Ba Ra Sekhem,

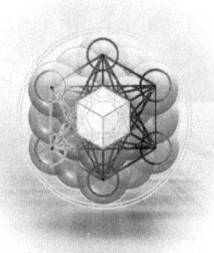

Erzengel Metatron, ich bitte Dich, mich zu heilen,
und ich bin Licht.
Lass mich Deine Liebe und Deinen Willen spüren.
Las mich Deine Geometrie nutzen und damit
hielen. Auch andere, wenn dies erlaubt ist.
Ich bin Liebe, ich bin Licht, ich bin Wille, ich bin
Gott selber, und ich manifestiere aus dem höchs-
ten Bewusstsein, jetzt, dass ich Liebe bin. Ich bin
der Ich Bin.
Ba Ra Sekhem, um dies ägyptisch zu sagen.
Ich bin Licht.

Erzengel Metatron & Kuthumi

Ba Ra Sekhem,
Ba Ra Sekhem.

Spürt die Liebe Gottes, und sie heilt.
Ba Ra Sekhem.

Und die Engel reichen Euch die Hand.

Erzengel Gabriel ist hier und er spricht zu Euch:

Gott ist reine Gnade, reines Licht, reine All-Liebe, und ich manifestiere, dass die Liebe Gottes Euch durchströmt, so halte ich Euer Licht und die Anteile heilen.
Ihr werdet nun in die Einheit Eures bewussten Seins getragen. Und Ihr fliegt. Seid die Barke, seid das All, seid Licht, und Ihr seid Liebe.

Und die Anteile heilen.
Ba Ra Sekhem.

Erzengel Gabriel danke ich aufs herzlichste, dies dürft Ihr sprechen und fühlen.

Erzengel Metatron reicht Euch die Hand, und alles, was nicht in der Einheit ist, wird durchlichtet.
Ihr seid, die Ihr seid.
Und ich bin, der ich bin.

Und Erzengel Gabriel begleitet Euch erneut.

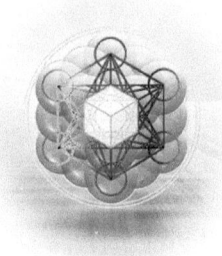

Geliebter Erzengel Metatron, heile mich erneut.
Ich bitte Dich in Liebe, mein Bewusstsein zu into-
nieren.
Ich bin Licht.
Ich bin Liebe, ich bin Gott selber, und ich mani-
festiere aus dem höchsten Bewusstsein, dass ich
Liebe bin.
Ba Ra Sekhem, ägyptisch, Geist/Hohe Seele/
Höchstes Selbst, Bewusstsein - Ra, Lebenskraft
und -fülle. Und ich bin Licht.

Lass mich Deine Liebe spüren, und ich bin Gott
selber.
Gott, ich danke Dir.

Erzengel Metatron

Er ist Licht und Gnade, die Euch heilt.
Und Euer Bewusstsein heilt.
Und Ihr seid Licht.
Ihr seid Ba Ra Sekhem.
Und dies heilt. Denn Ihr seid Licht.
Ba Ra Sekhem.
Und die heilige Barke leuchtet erneut.

Spürt die Liebe Gottes, des All-Einen, und Ihr seid
Licht.
Und die Seele heilt.
Ihr seid, die Ihr seid.
Und Ihr sprecht erneut:

Geliebter Erzengel Gabriel, ich bitte Dich in tiefer Lie-
be und Demut, lass mich Deine Gnade spüren. Ich bin
Licht, ich bin Liebe, Wille, Weisheit, und ich bin Gott
selber. Ich manifestiere aus dem höchsten Bewusstsein,
dass ich Liebe bin.
So sei es, so ist es.
Ba Ra Sekhem.

Und die Gnade Gottes durchströmt Euch, denn Ihr
seid Licht.

Und Ihr seid Licht, seid, und Ihr seid Licht.
Spürt die Liebe Gottes und vielleicht hört Ihr die
Stimme des Erzengels.
Dankt ihm vom Herzen und lauscht.
Ba Ra Sekhem.

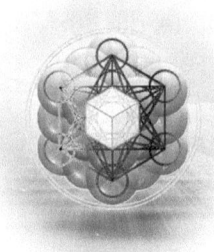

Lass mich fühlen, wie liebevoll ich bin, und ich bin Licht.
Gott, ich danke Dir.
Denn ich bin Licht.
Die Erzengel heilen mich, wenn ich darum bitte, und so dies Gottes Wille ist.
So kann Erzengel Raphael sehr viel Transzendenz bewirken, und den Ba der Einheit wieder herstellen. Wir können bitten:
Ich bitte Dich, geliebter Erzengel Raphael, erhöhe mein Sein. Verbinde mich mit Gott selber, und verbinde mich mit Deiner Kraft. Heiele auch meinen Körper, und lass mich Deine Liebe spüren.
Ich bin Licht.
Es gibt keine Trennungen, auch im Körper nicht.
So sind wir Licht.

Erzengel Raphael

Und die Kugel Macht und Stärke – Geburah – am Baum des Lebens leuchtet. Geburah.

Und ich bin, der ich bin.
Alle Permutationen weichen, die Eurem Licht nicht dienen, und Ihr seid Licht, Ba Ra Sekhem.
Und die Anteile heilen erneut.
Ba Ra Sekhem.

Und die Einheit ist.
Und die Gnade Gottes erleuchtet Euch. Denn Ihr seid Licht.

Spürt erneut, und die Liebe Gottes heilt .
Bittet Gott und die Engel, die Fürsten, Mächte und Throne Euch zu durchströmen und seid, denn Ihr seid Licht und Liebe.
Die Mächte und Throne wirken, sie sind zu deuten als Macht und Licht und Gnade, die in der Einheit Gnade und Weltenlenkung vollziehen, während Engel, aufgestiegene Meisterinnen und Meister die Aufgabe haben, Euch zu erleuchten, zu heilen, Euch Nähe und Liebe Gottes spüren zu lassen – zum Teil.
Ihr dürft sprechen:

Lady Nada, geliebter aufgestiegene Meisterin, bitte offenbare mir den Weg des Lichtes in mir selbst. Bitte zeige mir meinen Garten Eden, den ich betrat, als ich die Erde im Herzen schöpfte als ein Stern des Lebens, der Selbstachtung und der Güte im Herzen, wie der Gnade.

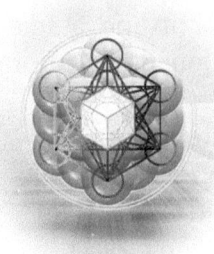

Erzengel Metatron, ich bitte Dich, geliebter Erzen-
gel, verbinde mich mit Deiner Macht und Klarheit,
und ich bin, der ich bin.
Ba Ra Sekhem.
Und die Macht Gottes wirkt in mir, ich bin Licht.
Die Macht Gottes, Geburah, Netzach, Binah, ist
Klarheit, Wissen und Hellfühlen, Macht und Liebe
zugleich, Heilung und Transzendenz.
Und wir sind Licht.
Ägyptisch: Ba Ra Sekhem.
Und die Anteile heilen, die in der Trennung waren.

Erzengel Metatron

Denn ich bin der Garten Eden, den ich in Wahrheit nie verließ. Ich bin der ich bin.
Und alle Dunkelheit geht, sie ist Licht und im Herzen bin ich erleuchtet. Denn dies ist die Einheit. Ich bin Licht und ich bin Liebe, und ich bin der Ba der Einheit.
Ba Ra Sekhem.

Lady Nada offenbart Ihr Mitgefühl und führt uns in den Garten der Einheit. Denn ich bin Licht, Liebe, Wille, Weisheit, und ich bin Leben.
Und die Anteile heilen erneut.
Ba Ra Sekhem.

Der Garten der Einheit ist heil – wie sieht er aus, der Garten, den Ihr bewohnt?
Ist er Licht? Hell und klar in Eurem Herzen?
Ist er dunkel aus alten Zeiten, die das Mittelalter, Glaubenskämpfe, die Eroberung von Amerika oder andere Kriege begünstigt haben? So säet den Samen der Liebe erneut, und Ihr vergebt Euch, denn Ihr seid Licht.
Und Ihr seid, die Ihr seid.
Und so seid Licht und Liebe.

Die Liebe heilt, und so die Vergebung, denn aus Ihr erwächst die Vollkommenheit.

So seid und Ihr seid Licht. Sät den Samen des Guten in der Welt, denn Ihr seid Licht.

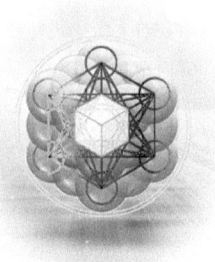

Erzengel Metatron, ich bitte Dich erneut, lass mich Deine Liebe spüren. Ich bitte Dich, geliebter Erzengel Sandalphon, erhöhe mein Sein.
Lass mich alle Lichtportale erschließen. Lass mich Gott selber dienen, und ich bin, der ich bin.
Ich danke Euch von Herzen. Und in Wahrheit bin ich Gott selber.
Und die Macht Gottes wirkt. Ba Ra Sekhem, ägyptisch, für reines Bewusstsein, Macht und Fülle im Leben und der Spiritualität.
Ich bin Licht, dies dürft Ihr sagen.
Ba Ra Sekhem. Und ich bin Licht. Ba Ra Sekhen. Und die Macht Gottes wirkt.

Erzengel Metatron

Und Ihr erntet Selbstachtung und Glück, „Zufriedenheit", um dies weltlich auszudrücken. Und Ihr seid, die Ihr seid.

Ihr könnt Lady Nada bitten, Euch die Einheit erleben zu lassen, und Ihr sprecht:

Lady Nada, bitte zeige mir die Einheit in mir selbst, lasse mein inneres Leuchten die Erde heilen, denn ich bin Licht.

Lasst Euer Licht leuchten und der Garten heilt, den Ihr bewohnt. Und Lady Nada lächelt, sie ist die weise Meisterin des Lichtes, die Euch liebt und unterstützt, wenn Ihr Sie bittet.

Bittet Sie und die anderen Meister, wie Jesus Sananda, Euch zu heilen. Sie sind meist etwas unterschiedlich in Ihrer liebevollen Art, die Dinge und Lösungen zu präsentieren.
Denkt an Lady Nada, und sie wird Euer Herz heilen.
Sprecht erneut:
Geliebte Meisterin, lass mich die Demut leben, die ich bin. Lass mich wissen, wie sehr ich geliebt bin.

Und Kuthumi, Meister des Lichtes, bitte lass mich spüren, wie die Weisheit Gottes sich anfühlt und gelebt werden kann.
Ich danke Dir von Herzen.

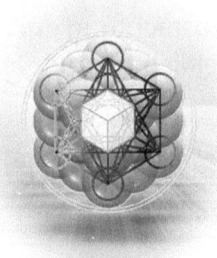

Erzengel Metatron, ich rufe Dich, lass mich Deine Liebe spüren.
Ich bin Liebe, ich bin Licht, ich bin Wille, ich bin Weisheit, und ich manifesitere aus dem höchsten Bewusstsein, dass ich Liebe bin.
Ba Ra Sekhem, und ich bin Licht.

Gott, bitte erlaube mir nun, die Macht der Engel und Erzengel in mir zu spüren, und reine Transzendenz sei.
Ich heile alles, was nicht in der Liebe ist, denn ich bin Licht.

Erzengel Metatron

Jesus Sananda, ich rufe Dich, bitte lass mich in Demut die Liebe Gottes wahrnehmen. Und ich bitte Dich auch mich zu begleiten und zu führen in die höchsten Reiche. Ich bin Licht, Liebe, ich bin Wille, Weisheit und Gott selber. Ba Ra Sekhem.

Hilarion, geliebter Meister, bitte durchströme mich mit Deinem Bewusstsein.
Lass mich spüren, wie liebevoll die Gnade ist, ganz Gott zu dienen.
Ich bin Licht, ich bin Liebe, Wille, Weisheit, und ich bin Gott selber. Ich manifestiere aus dem höchsten Bewusstsein, dass ich Liebe bin.

Serapis Bey, geliebter Meister des Lichtes, offenbare mir das Wissen aus Ägypten und Atlantis erneut, und ich bin Licht. Ich bin Ba Ra Sekhem, Ba Ra Sekhem, und die Anteile heilen in mir, und ich bin Macht als Licht. Ba Ra Sekhem. Lass mich die Anteile in mir heilen und meine früheren Leben erblicken, denn ich bin Licht, Ba Ra Sekhem.
Ich danke Dir von Herzen, und bitte Dich, begleite mein ganzes Sein.

Lasst dies nachklingen.

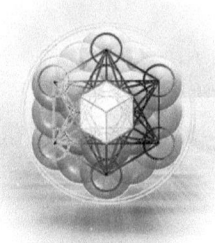

Erzengel Metatron, ich bitte dich, lass mich im
Würfel Metatrons erwachen zum Licht.
Und ich bin in Wahrheit dieser Erzengel Metatron,
und ich bin Licht.
Ägyptisch: Ba Ra Sekhem.

Und so weicht die Dunkelheit in mir, so dies Got-
tes Wille ist. Und ich bin Leben.
Ich bin Wille, ich bin Weisheit, ich bin Gott selber.
Ich manifestiere aus dem höcshten Bewusstsein,
dass ich Liebe bin, und ich bin Licht.
Ba Ra Sekhem.

Lasst dies nachwirken.

Erzengel Metatron

*El Morya, ich bitte Dich, geliebter Meister, mir das drit-
te Auge zu erhöhen und den Willen des All-Einen, der
mich durchströmt, erfahren zu lassen, denn ich bin Aus-
druck seines Willens, seiner Weisheit und Güte, denn ich
bin Licht, ich bin Wille, ich bin Weisheit, ich erlebe mich
als Licht, denn ich bin Licht. Ba Ra Sekhem.*

*Meister Lanto, lass mich, geliebter Meister, die Weisheit
der Gelassenheit, der Fülle im Sein genießen. Ich bin
Licht, ich bin Liebe, Wille, Weisheit, und ich bin Gott
selber. Ich manifestiere aus dem höchsten Bewusstsein,
dass ich Liebe bin.*
Ich danke Dir von Herzen.

*Meister Maha Chohan, ich bin Licht, Ich bin Liebe, Wille,
Weisheit, und ich bin Gott selber. Ich manifestiere aus
dem höchsten Bewusstsein, dass ich Liebe bin. Ich bitte
Dich, mich zu durchströmen und die Weisheit in mir zu
leben, denn ich bin Licht.*
Ba Ra Sekhem.
*Und ich manifestiere aus dem höchsten Bewusstsein
erneut, dass ich Liebe bin.*
Ba Ra Sekhem.
Die höchsten Anteile heilen erneut.
Und ich bin Licht.

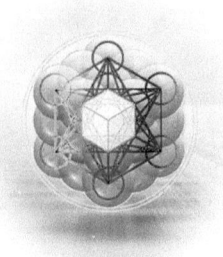

Ich wirke im Licht der Einheit, dies dürft Ihr sagen.
Und ich bin, der ich bin.
Ich bin Licht.
Und ich lebe im Licht der Einheit. Dies meint, ich
bin Leben und Gott wirkt.
Ich bin Licht.
Ba Ra Sekhem, ägyptisch, und die Anteile heilen.
Und wir leben, liebe, atmen und tanzen im Licht.

Erzengel Metatron

Weiße Büffelkalb-Frau, ich bitte Dich, geliebte Meisterin, mich mit den Weisen des Seins vertraut zu machen, die meinem Licht dienen, und die mich Demut und Wissen, Weisheit und Macht Leben lassen, und ich bin tiefe Liebe und Demut, ich bin das All-Eine selbst, das mich drurchströmen möge, und zu allen Zeiten bin ich heil, heil, ewig heil, denn ich bin Licht. Ba Ra Sekhem. Ba Ra Sekhem, Ba Ra Sekhem.

Danke von Herzen.

Und Atlantis heilt. Und die Anteile in Euch heilen erneut. Und Ihr dürft sprechen:

Ich bin Licht, ich bin Liebe, Wille, Weisheit, und ich bin Gott selber. Ich manifestiere aus dem höchsten Bewusstsein, dass ich Liebe bin.
Ba Ra Sekhem.

Und ich bin, der ich bin.

Weitere Meister, wie der aufgestiegene Meister St. Germain, könnt Ihr zum Beispiel bitten:

Wiederum:
Ich bin Liebe, Wille, Weisheit, und ich bin Gott selber. Ich manifestiere aus dem höchsten Bewusstsein, dass ich Liebe bin.

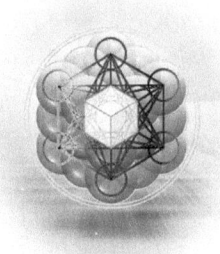

Wir sind Licht, und im Licht gibt es keine Trennungen. So leben wir im Licht, und wir sind Leben.
Erzengel Metatron wirkt und auch Erzengel Raphael. Sie heilen Euer Sein.
Und unendliche Liebe und Gnade.
Spürt die Liebe der Engel, und Ihr seid Licht.
Ihr seid Leben.
Ba Ra Sekehm, für ägyptisch: Lebenskraft und Eins-Sein. Wir sind Licht. Ba Ra Sekhem, und die Anteile in uns heilen.

Erzengel Metatron & Erzengel Raphael

Ich bitte Dich, geliebter Meister St. Germain mich mit all Deiner Weisheit zu umfangen und Dich mir zuzuwenden. Ich bin Liebe, Licht und Wille, und ich bitte dich mit Deinem Wissen mein Sein zu heilen und alle Anteile zu erlösen, die in der Trennung waren, denn ich bin ein Alchemist der Seele, Ba Ra Sekhem, Ba Ra Sekhem, Ba Ra Sekhem. Und ich manifestiere in Liebe, dass ich nur Gott und dem Licht diene. Ba Ra Sekhem, Ba Ra Sekhem, Ba Ra Sekhem.

Die weiß-violette Flamme der Reinigung durchströmt Euch, so dies erlaubt ist, und Ihr seid Licht. Ba Ra Sekhem.
Danke von Herzen Meister St. Germain.

Danke Meister Merlin, der weise Druide, der Euch erhöht und die Anteile in Euch heilt, die in der Trennung waren oder sind. Bittet weise:

Meister Merlin, ich bitte Dich, mich mit Deiner Weisheit des All-Einen, in allen Universen vertraut zu machen, bitte heile mit mir Sternenleben und Sektenmagien dort wie hier (auch alle alten Magien, Runenmagien, Flüche und Rittermitgliedschaften, Adelstitel und weiße Magien, denn diese sind Verzerrungen), und ich bin Licht. Ba Ra Sekhem.
Ich danke Dir von Herzen und bitte Dich, mich tiefer mit meinem Licht zu verbinden. Bitte heile mich komplett. Und ich danke Dir. Ba Ra Sekhem, Ba Ra Sekhem, Ba Ra Sekhem.

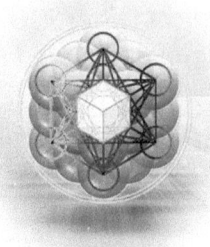

Erzengel Sandalphon, ich rufe Dich. Bitte heile meine Trennungen. Ich bitte Dich, lass mich Deine Liebe spüren, und ich bitte Dich um Liebe und Frieden im Herzen. Lass mich Liebe sein.

Lasst dies wirken und spürt die Liebe des Engels.

Sandalphon und Metatron

Geliebter Meister Paolo Veronese, ich bitte Dich in tiefer Liebe, mich mit meiner Weisheit vertraut zu machen und mich tiefer zu verbinden. Vielleicht löst Du alte Flüche, Adelstitel, Runenmagien und Bänne wie Hexenzauber auf mich und mein Sein, und ich bin Licht, Ich danke Dir und Deiner unschätzbaren Weisheit. Ich bin Licht, ich bin Liebe, Wille, Weisheit, und ich bin Gott selber. Ich manifestiere aus dem höchsten Bewusstsein, dass ich Liebe bin.
Danke von ganzem Herzen.

Weitere Meisterinnen und Meister, wie zum Beispiel Lady Rowena, White Eagle, Sanat Kumara, Lord Melchizedek, und die weiße Bruderschaft des Lichtes, könnt Ihr bitten, Euch zu unterstützen. Das kann aber dazu führen, dass Ihr Lernthemen erzeugt, Ihr müsst sie repräsentieren, die Liebe Gottes. Tragt sie in Eurem Herzen und lasst Euch von Gott heilen.

Werdet zu Gott selber und Ihr seid Licht. Ba Ra Sekhem.

Und ich bin, der ich bin.
Lasst die Weisheit Gottes Euch durchströmen, und Ihr seid Licht.
Ba Ra Sekhem.

Ihr seid Licht, Liebe, Wille, Weisheit, und Ihr manifestiert erneut aus dem höchsten Bewusstsein, dass Ihr

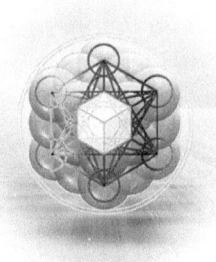

Erzengel Raphael, ich bitte Dich erneut, mich zu heilen.
Lass mich wissen, wie liebevoll Du bist, und die lichtvolle geistige Welt.
Ich bin Leben, ich bin Licht, und ich bin Wille, und ich manifestiere, aus dem höchsten Bewusstsein, dass ich Liebe bin.

Ägyptisch: Ba Ra Sekhem.
Und wir lösen den Ka der Trennung in uns.
Wir sind, die wir sind. Ba Ra Sekhem.

Erzengel Raphael

Liebe seid und nur dem Licht und Gott selber dienet. Ba Ra Sekhem.

Im weiteren werden die Erzengel vorgestellt, die Euch begleiten, und spezielle Funktionen haben, hierbei ist es wichtig, dass wir diese als wir selbst betrachten, denn dann werden wir zu Gott selber, der seine Flügel ausbreitet und die Mystik ist, sich selbst ganz einzuweihen in Gott, der unendliche Liebe und Gnade ist.

Wir steigen durch die Engel und aufgestiegenen Meister, und wir meistern die Spiritualisierung, die wir in Wahrheit sind, denn dies All ist eine Illusion. Und wir sind Licht.

Wir bitten *Erzengel Raphael* zu uns.

Er spricht: Wir sind Licht, Liebe, Wille, Weisheit, und wir sind Gott selber, so sind wir Licht, und wir heilen unsere „Wunden" aus früheren Leben, und unser physisches Vehikel heilt.

Folgende Bitte hilft, so dies Gottes Wille ist:

Erzengel Raphael, ich bitte Dich nun, die geheilte Fassung meines physischen Vehikels erleben zu lassen, mögen sich alle „Wunden" schließen, auch aus früheren Leben, alle Anteile und Themen, die damit verbunden sind heilen, wenn dies Gottes Wille ist.

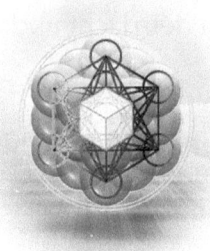

Erzengel Sandalphon, ich rufe Dich. Bitte spüre, wie liebevoll ich bin, und lass mich erfahren, wie göttliche All-Liebe wirkt.
Wo habe ich Blockaden?
Dann bitte ich Dich, diese Blockaden zu lösen, und mich heil sein zu lassen.
Ich danke Dir von Herzen, geliebter Erzengel Sandalphon.

Erzengel Sandalphon & Kuthumi

Möge die All-Gegenwart Gottes mir Liebe und Licht ins Herz senden und alle Zellen heilen sowie die DNA. Heile auch die DNA, Gott Vater-Mutter, der ich in Wahrheit bin, und ich bin Liebe, ich bin Wille, ich bin Weisheit, und Gott selber, und ich manifestiere aus dem höchsten Bewusstsein, dass ich Liebe bin, und ich liebe Erzengel Raphael so unendlich.

Ich spüre die Gnade Gottes und des Erzengels, der uns trägt und uns die Wünsche nach körperlicher Heilung und Ganzheit erleben lässt.

Ich bitte Dich, erhöhe meine Schwingung in meinem Körper ebenso.
Und ich bitte Dich, Erzengel Raphael, löse mich aus allen Trennungen, die mein körperliches Sein betreffen, und ich bin Licht.
Ich danke Dir Erzengel Raphael von ganzem Herzen.

Spürt die Liebe Gottes und des Erzengels Raphael.

Lasst Euch durchströmen von dem göttlichen Licht, und Ihr seid, die Ihr seid.
Ba Ra Sekhem.
Und ich bin Liebe.

Erzengel Raphael, ich bitte Dich, mich zu begleiten, und zu beschützen, und ich bin Licht. Ba Ra Sekhem. Und ich bitte Dich, meine inneren Kinder zu heilen. Sie sind Licht. Ba Ra Sekhem.

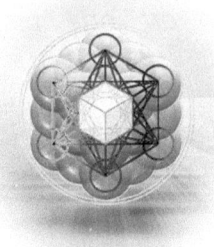

Gott lenkt, und wir sind die Erde.
Wir sind Licht, Liebe, Wille, und die Weisheit Gottes, und wir sind Licht.
Gott liebt uns unendlich.
Und wir lieben Gott. Und wir sind Leben.
Die reine Gnade Gottes fließt ein. Und so sind wir Leben. Spürt die Liebe Gottes, und die Engel sind wir selber. Wir sind, die wir sind.
Lassen wir uns von Gott heilen, und wir sind Licht.
Und unsere Zellen leuchten. Und wir sind Licht.
Danke Gott von Herzen, der wir in Wahrheit sind.

Gott & Kuthumi

Und sie heilen. Ba Ra Sekhem.

Und wir sind Licht.
Und wir lieben Gott. Und Gott ist unendliche Liebe und Gnade.
Denn wir sind, die wir sind.
Und wir sind Licht.

Und wir gehen in das große Licht, dass wir in Wahrheit sind, und in dem wir demütig um Schutz bitten.

Und wir bitten Gott und die Engel uns zu begleiten und zu leiten.
Und wir sind Licht. Ba Ra Sekhem, Ba Ra Sekhem, Ba Ra Sekhem.

Bittet Erzengel Raphael, Euch die Krone zu heilen, damit auch die anderen Engel und Erzengel Euch von nun an begleiten und in die Einheit Eures bewussten Seins geleiten.
Bittet Erzengel Raphael, Euer physisches Sein zu heilen. Und spürt erneut.
Ihr dürft Gott dienen, und dies bekunden:

Ich diene ausschließlich Gott und dem Licht.
Ich bin Liebe, Wille, Weisheit, und ich bin Gott selber.
Ich manifestiere aus dem höchsten Bewusstsein, dass ich Liebe bin.

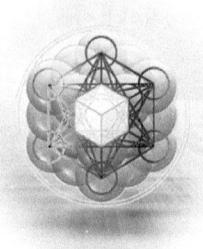

Wir heilen im Licht der Einheit.
Wir sind, die wir sind. Und wir sind Licht.
Spüren wir die heilige Geometrie, sie leuchtet und wirkt in uns.
Gott ist unendliche Liebe und Gnade, und er oder sie ist weder weiblich noch männlich, sie ist Licht unendliche Gnade und Fülle, und reine Transzendenz.
So sind unsere Lernthemen Licht. Wir bitten Gott zu Hilfe. Und Erzengel Metatron erhellt die heiligen Geometrien. Wir sind Licht. Und wir sagen: Ba Ra Sekhem. Uns zu erhöhen ist eine Kunst. Und diese Gnade wird uns zuteil, wenn wir aufsteigen. Dies ist Atlantis, und es heilt. Und der Ba heilt. Die heilige Barke leuchtet, und die Einheit ist. Ba Ra Sekhem.

Erzengel Metatron

Erzengel Zadkiel bittest Du nun zu Dir.
Und die Einheit ist.
Ba Ra Sekhem.

Der Erzengel richtet Dir die Krone ebenso, denn er ist ein Engel, der Dich mit dem göttlichen Sein tiefer verbindet.
Er lehrt die Liebe zu sein und sein Sein ganz Gott zu widmen. Und wir sind, die wir sind.
Ba Ra Sekhem.

Und Gott heilt, und wir eilen in die Einheit, die uns nie verborgen war.
Denn sie ist Licht und Frieden, unendliche Gnade und Freiheit von Anhaftungen.
Wir sind, die wir sind.
Wir spüren die Liebe des Erzengels und Gottes.

Erzengel Metatron

Erzengel Metatron ist Licht, er ist unendliche Liebe und Gnade. Er hält die heilige Geometrie und ist in Wahrheit ein Engel, der Aufstieg und Abstieg der Menschheit begleitet hatte. So kann sich alles in die Einheit bewegen, wenn die Erde heilt, und die Seele zurückkehrt in Ihr hohes Bewusstsein. Die heilige Geometrien des Erzengels symbolisieren unter anderem Macht, Stärke, Klarheit und Reinheit der Gedanken und Gefühle.

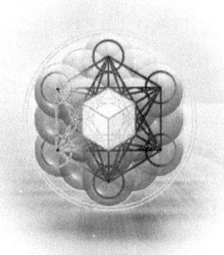

Wir sind, die wir sind.
Dies heißt: Wir sind Licht.
Wir sind aus Licht geboren.
Und die Einheit ist in uns.
Spüren wir die Liebe Gottes, und wir sind, die wir
sind.
So können Engel & Erzengel, aufgestiegene Meis-
ter uns heilen, wenn sie wollen. Und sie sind Licht.
Unsere hohe Seele heilt, und wir sind Gott selber.
 Ba Ra Sekhem. Und wir sind Gott selber.

Kuthumi
Gott selber

So bittet Ihr Erzengel Metatron um Gnade und Macht, denn Ihr seid Licht.
Ba Ra Sekhem.

Erzengel Metatron bitte heile meine Ahnenthemen, meine verletzten Gefühle und mein ganzes Sein, bitte teile mir mit, wie die heilige Geometrie zu nutzen ist, denn ich bin Licht.
Bitte verbinde mich mit ihr und lasse mich die Wahrnehmung Deiner heilen Aura erleben, hülle mich in Dein Licht, und die Einheit ist.
Ba Ra Sekhem.

Danke Dir geliebter Metatron, der Du dem Himmelsthron nahe stehst.

Erzengel Jophiel

Geliebter Erzengel Jophiel, Erlaube mir, Dein Herz zu fühlen. Lass mich die Liebe Gottes sein, die ich in Wahrheit bin. Gott lenkt. Ba Ra Sekhem.
So könnte ein Gebet lauten.

Spürt die Liebe des Erzengels, und bittet erneut: *Lasse mich die Schönheit Gottes verkörpern. Bitte begleite mich, und löse alle Eide, Bänne, Pakte und Flüche, und die Weisheit des All-Einen ist, sie zu leben, und dazu bitte ich, geliebter Erzengel Jophiel, lass mich teilhaben an der Schönheit Deines Seins,* die die Schönheit und

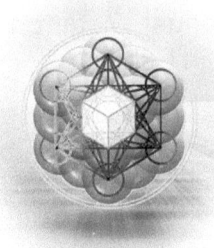

Gott heilt, und heilt, und Ihr seid Licht.
Ihr lebt im Licht der Einheit, die Anteile in Euch
heilen. Die Engel und Erzengel reichen Euch die
Hand, Ihr seid Licht.
Seid, und die Engel helfen.
Spürt Eure Lernthemen, und Eure Krone heilt.
Löst sie mit Hilfe der Engel, und Ihr seid Licht.
Bittet sie, zum Beispiel Erzengel Metatron.
Und Ihr wisset, dass Ihr immer Licht seid.
Ihr könnt sprechen:

Bitte, geliebter Erzengel Metatron, heile meine
Krone und meine Chakren. Ich bin Licht und liebe
Dich.
Gott liebt Euch unendlich, spürt seine oder ihre
Liebe, und Ihr heilt.

Metatron & Jesus Sananda

den Willen, die Weisheit und Sanftmut des All-Einen ausdrückt, und die Gnade der Rückkehr erlaubt in das All-Eine selbst.

Die Schönheit Gottes, ist es, Gott zu dienen.

Und Ihr hattet Euer wahres Sein nie verlassen.
So ist es. So bringt am Baum des Lebens die „Kugel" Tiferet zum Leuchten, und die Weisheit ebenso (Chokma). Sie leuchten und heilen Euch.
Ihr bringt es in die Einheit und Eure Weisheit heilt Euch. Erzengel Jophiel bringt die Erleuchtung unter anderem, die es meint, Gott zu sein. „Segen" ist es Gott zu dienen. Und die Gnade der Rückkehr ist es, in das Hellfühlen, in das Klar-Sehen eingeweiht zu sein.

Und so bittest Du auch *Erzengel Raziel*, Dich zu heilen. Denn Du bist, der Du bist. Und sie heilen Dein Hellfühlen und Klarsehen.

Ich danke Euch von Herzen geliebter Jophiel, geliebter Raziel.

Bittet und spürt, denn Ihr seid, die Ihr seid. Und die Permutationen weichen, die Euch blockiert halten, und Euer drittes Auge heilt, die Fürsten, Mächte und Throne wirken, und Ihr heilt. Ba Ra Sekhem.

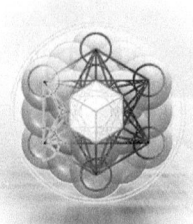

Jesus Sananda ist unendliche Liebe & Gnade. Er ist ein aufgestiegener Meister, der uns die Liebe lehrt. Spürt die Liebe Gottes, und Jesus heilt uns.

Jesus ist Licht und Liebe, und er heilt unser Herz, wenn er soll.

Spürt die Liebe Jesus, und sein Herz öffnet sich für unser Sein. Spürt die Liebe, die er ist. Und Ihr seid Licht.

Er fühlt den Schmerz, den wir, häufig aus der Kindheit in uns tragen. Und wir können ihm das Herz in die Hand geben. Und wir heilen. Lasst dies zu. Und wir sind Licht.

Und tiefe Liebe und Demut wirken in Euch.

Ihr seid, die Ihr seid. Und die Distanz zwischen Mensch und Jesus ist häufig im Herzen. Und dennoch bitten wir in Licht und Liebe zu sein und zu leben, und wir sind heil. Denn Gott ist, und so sind wir Licht und spüren Jesus, der uns begleitet.

Metatron & Jesus Sananda

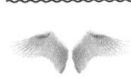

Und Du bist Licht, und die Liebe ist. Spüre die Liebe Erzengel Jophiels, Raziels und von den Engeln und Erzengeln, und alle schlechten Blaupausen weichen, und die Gefühle heilen.

Und ich bin Ba Ra Sekhem, und Ihr seid, die Ihr seid. Ba Ra Sekhem. Klarheit, Reinheit und die Heilung Eurer Ahnen helfen Euch, Euch ganz zu leben.

Erzengel Zadkiel

Er hilft uns, Liebe und Güte in uns zu leben, und die Einheit ist; sie ist so erleuchtet, dass Ihr die kosmischen Gesetze achtet.

Sie lauten, sendet nur Liebe und Eins-Sein zu allen Wesen, und Ihr seid Licht. Lernt die kosmischen Gesetze, sie bedeuten Wiederkehr des Gleichen, und Ihr sollt Euch anbinden an das höchste göttliche Selbst, und seid, denn Ihr seid Licht.

Wählt Gott selber zu sein, denn Ihr seid dies. Ba Ra Sekhem. Spürt die Liebe Gottes und des Erzengels, und seid.

Liebt Euch selbst und alles was ist, denn das seid Ihr. Ba Ra Sekhem.

Begnadigt Euch selbst, wenn Ihr sollt, denn Ihr seid Licht.

Wir sind Licht - und darum sprechen wir:
Ich bitte Dich, Gott, offenbare mir die Schwin-
gung der Einheit in mir. Ich bin Licht.
Lass mich Liebe sein. Offenbare mir, wie ich aus
dieser Einheit heraus wirken und manifestieren
kann.
Bitte erlaube mir dies:

Ich verbinde mein höchstes Bewusstsein mit dem
„niedrigsten", dem materiellen. Oben wie unten,
innen wie außen.
Ich bin auf allen Instanzen anwesend, und ich
manifestiere, dass ich von nun an aus diesem
Bewusstsein wirken kann.
Bitte erlaube mir, meine Kraft nun einzusetzen um
eine Manifestation aus dem hohen
Liebesbewusstsein zu tätigen, das ich bin.

Ich manifestiere, dass ich nunmehr die Seelenver-
schmelzung vornehme und durch diese Verbin-
dung des Höchsten mit dem Niedrigsten meine
Manifestationsenergie auf allen Instanzen zur
Wirkung bringe.
So sei es. So ist es.

Gott selber

Und richtet weder Euch noch andere, denn die Gnade und Güte des All-Einen ist unendlich. Sie schwingt so hoch, dass sie alles transzendent hält.
Wählt das Licht und sprecht:

Ich begnadige mich selbst komplett. Ich bin Licht.

Und die „Wohn – oder Lichtstatt" Gottes ist in Euch selber. Ba Ra Sekhem, und die Anteile heilen in Euch. Lebt in Liebe und Güte.

Zitat: „Die Energie von Erzengel Zadkiel ist integrierend, harmonisierend und ausgleichend. Sie verbindet Himmel und Erde."

Erzengel Michael

Sein Name bedeutet „Wer ist wie Gott?" (abgeleitet aus dem hebräischen „Mikha-el").

Spürt die Liebe Gottes, und die Erde ist Licht.

Sie ist so liebevoll, und die Liebe Gottes heilt. Sie durchströmt Euch, und Erzengel Michael gibt Euch das Schwert der Einheit, und sein Rüstung. Sie heißt, die Kraft und Stärke Gottes zu sein und sein Werk auf Erden zu verkörpern. Ihr bringt Himmel und Erde miteinander in Verbindung und heilt.

Wir sind Licht, Liebe, Wille und Weisheit, und wir lieben Gott unendlich.
Alles ist Licht.
Und dies ist so. Denn ich bin, der ich bin.

Gott selber

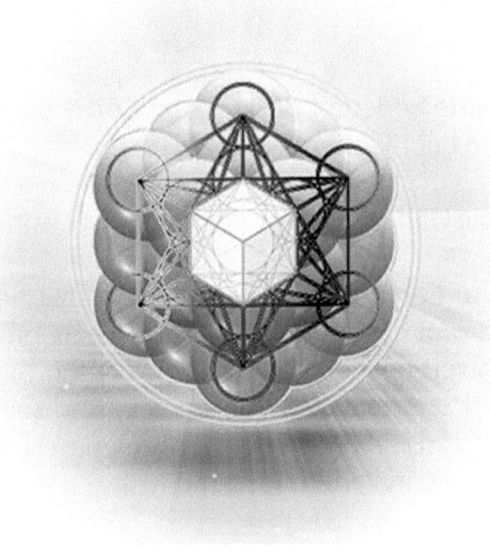

Seine Macht ist es, die Trennungen wieder zu heilen und unter anderem erdgebundene Seelen ins Licht zu begleiten.

Seine Stärke ist die Kraft, Erdgebundenheit zu lösen und „Verstrickungen", Seelenverträge zu öffnen, ob aus dieser oder früheren Inkarnationen. Er bewacht die Tore zum Paradies, aber sie zu öffnen heißt, sich ganz Gott zu verschreiben. Wir sind Licht, und tun dies.

Ba Ra Sekhem. So öffnen sich die Tore zum Paradies der Einheit in uns selber – denn wir sind dies Ba Ra Sekhem, Ba Ra Sekhem, Ba Ra Sekhem.

Spürt die Liebe Gottes, und *Gott ist mein Schild,* dies dürft Ihr sagen.
Spürt die Kraft von Erzengel Michael, der Euch von nun an leitet, wenn Ihr dies erlaubt.

Ihr könnt bekunden: *Erzengel Michael, bitte verleihe mir Deine Kraft und Stärke. Ich richte weder mich noch andere, und ich bin das Paradies, das ich in Wahrheit nie verließ. Die Tore sind geöffnet, und ich bin Tiferet, ich bin Nezach, Geburah, ich bin Kraft und Stärke und heil. Ba Ra Sekhem, um dies zu bekunden. Ich bin, der ich bin, Binach, Geburah, Nezach, Tiferet.*

Ba Ra Sekhem, Ba Ra Sekhem, Ba Ra Sekhem und die Tore öffnen sich. Ich bin, der ich bin.

Der heilige Gral wirkt, und Ihr seid Licht.
Spürt die Liebe, die dies bewirkt.
Ihr seid, die Ihr seid.
Seid, und Ihr seid Licht.

Gott selber

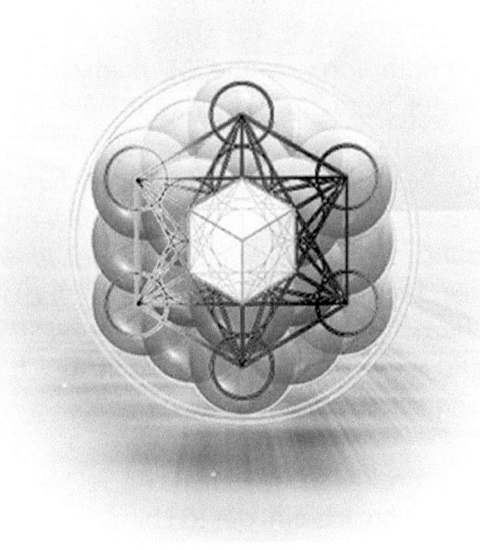

Erzengel Raphael

Sein Name bedeutet „Gott heilt" oder auch „göttlicher Heiler".

So bitten wir Erzengel Raphael um Heilung. Auch bei anderen kann dies erlaubt sein.
Eine Bitte kann sein:

Bitte, geliebter Erzengel Raphael, ich bin Licht, ich bin Liebe, Wille, Weisheit, und ich bin Gott selber. Ich manifestiere aus dem höchsten Bewusstsein, dass ich Liebe bin. Gib mir Deine Kraft und Stärke, und meine Handchakren und Heilkräfte werden aktiviert, so dies Dein Wille und der Wille Gottes ist, so dass ich mich selbst und andere heilen kann. Mein ganze Sein strahlt. Lass mich hellfühlen und klarsehen. Und ich bin Licht. Ich bin Gott selber und Ba Ra Sekhem.

Bitte lass mich Deine Liebe spüren, und ich bitte Dich, heile die DNA, damit alle Zellschäden heilen und , Gott guter Hirte, offenbare mir Deine Liebe, die ich in Wahrheit bin, bitte lass mich auch von allen körperlichen Themen heil sein. Ich stelle, wenn dies erlaubt ist, meine göttliche Gesundheit wieder. Ba Ra Sekhem, Ba Ra Sekhem, Ba Ra Sekhem.

Und ich danke Dir von Herzen.

Spürt die Liebe Gottes, und die Anteile in Euch sind heil.
Wir sind Licht. Und wir sind, die wir sind.
Und alle „frühkindlichen Bindugsstörungen"
sind Illusionen.
Sprecht dies drei mal oder mehrfach:
Alle „frühkindlichen Bindugsstörungen" sind
Illusionen. Ba Ra Sekhem.
Und wir sind Licht.
Ba Ra Sekhem. Und Gott heilt.
Er oder sie ist weder männlich noch weiblich.
Und wir heilen in Licht der Einheit.
Ba Ra Sekhem.

Gott selber

Lass mich aufsteigen in meinem physischen Vehikel, dass die Liebe Gottes ist. Ba Ra Sekhem, Ba Ra Sekhem, Ba Ra Sekhem.

Und ich bin Licht. Danke Dir von Herzen.

Spürt die Liebe Gottes, die Ihr seid, und Ihr seid Licht. Ba Ra Sekhem.
Und danke, Erzengel Raphael.

Erzengel Gabriel

Sein Name bedeutet „die Macht Gottes" oder auch „die Kraft Gottes".

Vetraue, und Du bist Licht, Du bist, der Du bist. Und die Krone heilt. Auch Dein Hellfühlen heilt. So ist es. Und die Anteile heilen, und Du bist, der Du bist. Anteile, die in der Trennung waren, gehen ins Licht und Du stellst sie her, in Liebe, jetzt. So sind diese Anteile, die hellfühlige, klarsichtige Fähigkeiten beinhalten können, integriert.

Spürt die Liebe Gottes, und der Engel ist Licht, er verkündet die Liebe Gottes und thront um Gottes Macht und Stärke auf der Erde zu manifestieren.

Spürt die Liebe Gottes erneut und seid, denn Ihr seid Licht. Die Kulissen, hinter denen die Throne, Mächte

Wir sind Licht und Leben, und Gott heilt. Wir sind Leben. Und wir spüren die Liebe Gottes. Und Gott heilt. Alles ist Licht, und die Erde heilt. Wir sind, die wir sind.
Und wir sind Leben, ägyptisch: Ba Ra Sekhem. Und Gott ist.

Gott selber

und Erzengel wirken, sie weichen, und Ihr seid, die Ihr seid.

So bittet um Gottes Macht, und Ihr seid Licht. Ba Ra Sekhem, um dies zu bekräftigen. Wir sind Gott selber, Ba Ra Sekhem.

Und Kuthumi, der aufgestiegene Meister reicht uns die Hand, und wir hören hell und klar die Worte der Engel, wenn dies Gottes Wille ist. Ba Ra Sekhem, Ba Ra Sekhem, Ba Ra Sekhem.

Und Danke Gott, Erzengel Gabriel und Kuthumi und Merlin.

Merlin reicht Euch die Hand, und wir sind Licht. Wir steigen auf, und alles heilt in uns, das in der Trennung war.

So löse ich, Erzengel Gabriel, Eure Blockaden im Sein und Du bist, der Du bist.

Ba Ra Sekhem, wie es ägyptisch heißt. Es meint, ganz die Liebe Gottes zu sein und die Weisheit des All-Einen selbst zu leben.

Das All ist eins, und Du bist Licht. Spüre die Liebe Gottes, und Du bist, der Du bist. Bekunde erneut: Ba Ra Sekhem, Ba Ra Sekhem, Ba Ra Sekhem, und die Engel erleuchten Dein Gehirn.

Alles ist Licht.

Gott selber

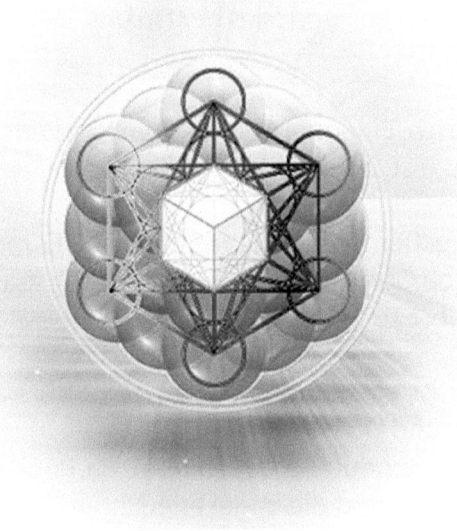

Sie erleuchten Dich und Dein ganzes Sein.

Denn Du bist Gott selber.

So bittest Du erneut, wenn dies in der Einheit geschieht:

Geliebter Erzengel Gabriel, Du bist die Macht und Kraft Gottes, so bin ich dies, Gottes Allmacht und Güte, und die Gnade wirkt, denn ich bin Licht. Und ich manifestiere aus dem höchsten Bewusstsein, dass ich Liebe bin. Ich bin Licht, ich bin Liebe, und ich erlaube mir selbst, zu levitieren und höchstes Schöpfungsbewusstsein zu tragen, ich bin Licht.

Die Kulissen weichen erneut. Sie hielten so vieles verborgen, das ich bin, und ich bin Licht.
Ba Ra Sekhem, Ba Ra Sekhem, Ba Ra Sekhem.

Erzengel Chamuel (auch Camael oder Chamael)

Sein Name bedeutet „Gott ist mein Ziel"

Und wir sprechen:

Geliebter Erzengel Chamuel, heile mein Sein von allen Verträgen, die ich jemals schließ, ob auf dieser oder anderen Welten, denn ich bin Licht.

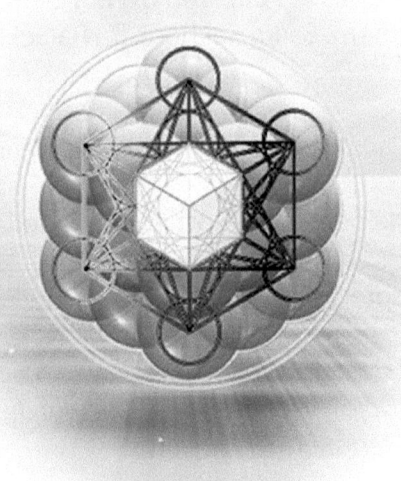

Ich löse alle Verstrickungen in mir, und spüre die All-Liebe Gottes, die ich in Wahrheit bin.

Ich bin Licht, ich bin Liebe, Wille, Weisheit, und ich bin Gott selber. Ich manifestiere aus dem höchsten Bewusstsein, dass ich Liebe bin.

Spürt die Liebe Gottes und des Erzengels, der Euch umfängt, und Euer Herz heilt erneut.
Ba Ra Sekhem, und Ihr seid Licht.

Die Hellfühiligkeit heilt erneut, wenn dies der Wille Gottes ist. Und Ihr bittet:

Lass mich, geliebter Erzengel Chamuel, Dein Licht spüren, und die Gnade, die dies bedeutet, erfühlen, denn ich bin hellsichtig, und hellfühlig, auch hellhörig. Denn ich bin Licht.

Ich manifestiere aus dem höchsten Bewusstsein, dass ich Liebe bin.

Ich danke Dir von Herzen für Deine Weisheit, die Du mir gibst, denn ich bin Liebe, Licht und Wille, und die Weisheit des All-Einen leuchtet, ich bin Gott selber. Ba Ra Sekhem, um dies zu betonen.
Danke Dir Erzengel Chamuel und Gott selber.
Ba Ra Sekhem, Ba Ra Sekhem, Ba Ra Sekhem.

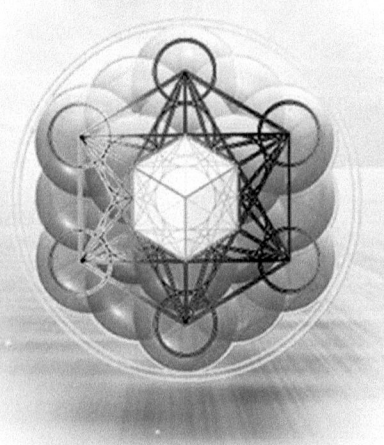

Merlin reicht euch die Hand erneut, und Ihr seid, die Ihr seid. So Kuthumi, und Ihr seid Licht.

Ba Ra Sekhem, Ba Ra Sekhem, Ba Ra Sekhem, und ich danke den Meistern und den Engeln und Erzengeln.

Erzengel Haniel

Erzengel Haniel wird „die Herrlichkeit" oder „die Herrlichkeit der Gnade Gottes" genannt.

Haniel, ich rufe Dich, bitte führe mich zu mehr Gleichmut und Frieden, denn ich bin Licht.

Und ich liebe Dich, wie alle Engel und Erzengel und die Meisterinnnen und Meister.
Ich danke Dir.

Spürt die Liebe Gottes, und Ihr seid Licht.
Ich bin Liebe, Wille, Weisheit, und ich bin Gott selber. Ich bin Licht, dies dürft Ihr sagen, und wir gehen aus allen Lebensfrustrationen heraus, sowie aus allen Rollenspielen, indem Ihr bekundet:
Ich bin Licht, Liebe, Wille und Weisheit, ich diene Gott selber, und ich bin, der ich bin.

Bittet Erzengel Gabriel, Haniel und Raphael, Euch zu heilen und zu klären, von Mustern, die Eurem Licht nicht dienen. So sei es, so ist es.

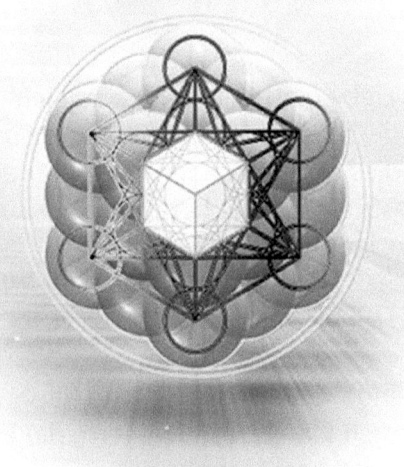

Und Ihr seid Licht. Spürt die Herrlichkeit Gottes, und die Kugel am Baum des Lebens leuchtet. Tiferet, Geburah, Netzach, Hod. Und Ihr seid Licht.
Ba Ra Sekhem , Ba Ra Sekhem, Ba Ra Sekhem.

Die heilige Barke leuchtet, und Ihr werdet wieder in die Einheit Eures bewussten Seins gehoben.

Ba Ra Sekhem, Ba Ra Sekhem, Ba Ra Sekhem, um dies zu bekunden.

Danke Gott, von ganzem Herzen.

Themen: Klares Erkennen, Illusionen durchschauen, Freundschaft zu sich selber und zu Gott, Liebe und Heilung. Klarsicht wieder herstellen.

Erzengel Uriel

Sein Name bedeutet „Gottes Feuer", „Gottes Licht" und kommt aus dem Hebräischen.

Erzengel Uriel ich rufe Dich, ich bitte Dich, mich zu erhöhen und die Einheit in mir selbst wieder herzustellen. Und wir sind Licht. Ba Ra Sekhem, Ba Ra Sekhem, Ba Ra Sekhem. Und ich erlaube mir selbst, Erzengel Raphael, Kuthumi, St. Germain, die Erzengel Gabriel, Haniel, Zadkiel zu bitten, mich zu erhöhen, in Liebe, jetzt. Ich bin Liebe, Licht und Wille und ich bin Licht.

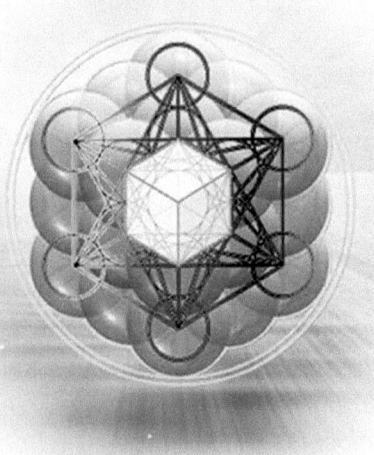

Spürt die Liebe Gottes, und Ihr heilt im Licht der Einheit. Und die Erde ist heil. So liebt die Erde und Euer Leben im Licht der Einheit. Die Lernthemen fallen und die Erde ist Licht. Ba Ra Sekhem, Ba Ra Sekhem, Ba Ra Sekhem.

Und ich bitte Erzengel Uriel an meine Seite zu treten und mein Licht leuchten zu lassen. Danke Erzengel Uriel von Herzen.

Erzengel Zafkiel

Er heißt: Die Anbetung Gottes.

Wir sind Gott selber, und wir sprechen: *Wir sind Licht, Liebe, Wille, Weisheit und Gott selber. Wir sind Licht. Und die Anteile heilen in uns. Wir waren nie getrennt, und Binah, Geburah, Netzach, Hod, ich bin, der ich bin.*

Und die Macht Gottes ist es, unendliche Liebe und Gnade zu verkörpern. So seid, und Ihr seid Leben, Ba Ra Sekhem. Und die heilige Barke leuchtet. Und Tiferet.

Die Schönheit Gottes ist, die Erde zu sein (unter anderem), denn Ihr seid Licht.

Betet Gott an, und Ihr seid Licht. Und Ihr seid Leben.

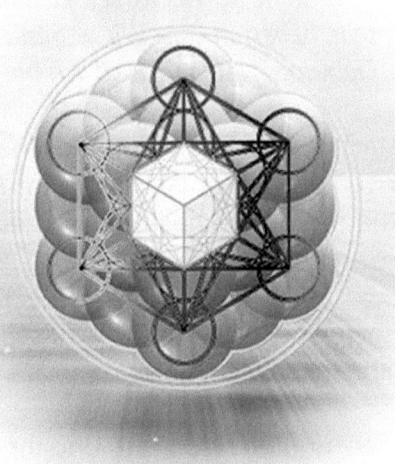

Seid, und Ihr seid Licht. Spürt Gott und die Erzengel und Meister, sie erleuchten Euch, und sie sind Licht.

Spürt die Liebe Gottes und seid.
Ba Ra Sekhem.

Die Throne und Mächte wirken erneut, und Ihr dürft die Einweihung in Gott selber erleben, und die Anteile heilen. Denn Ihr seid, die Ihr seid. Und die Engel heilen Euch.

Spürt die Liebe Gottes und die Einweihung ist bereits erledigt. Und Ihr seid Licht.

Ba Ra Sekhem, Ba Ra Sekhem, Ba Ra Sekhem.
Und die Anteile heilen erneut.

Spürt erneut die Qualität der Engel und Erzengel, und Ihr seid Licht und Leben und Güte, denn Ihr seid Leben, Ba Ra Sekhem, Ba Ra Sekhem, Ba Ra Sekhem. Und die Anteile heilen erneut.

Spürt auch die Mächte und Throne, sie sind wahre Gewalten, die auf Euch und die Länder und spirituellen Entwicklungen von Menschen einwirken. In Wahrheit seid Ihr diese Throne und Mächte.

Und die Erde ist bereist erledigt. Und Ihr seid, die Ihr seid.

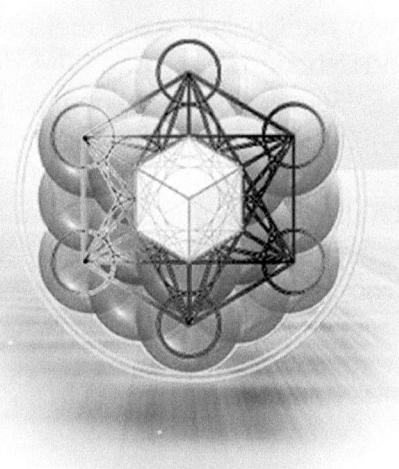

Gott heilt, und Ihr seid Licht.

Spürt die Liebe, die Ihr seid, und Ihr seid Leben, Ba Ra Sekhem, Ba Ra Sekhem, Ba Ra Sekhem.

Und Ihr seid Licht.
Ihr sprecht in Liebe: *Ich bin Wille, und ich bin Gott selber, und ich lebe im Licht der Einheit. Ich atme im Licht der Einheit und ich bin Licht.*

Spürt erneut, und Ihr seid Licht.

Merlin reicht Euch die Hand, und die Krone heilt in Euch. Sie leuchtet, und Gott heilt.
Ba Ra Sekhem, Ba Ra Sekhem, Ba Ra Sekhem.
Und die heilige Barke leuchtet erneut.

Spürt das Glück der Seele, und Ihr seid Licht.

Liebe, Wille, Weisheit heißt, ganz Gott zu sein. Und Ihr seid dies.

Wir lösen die Kulissen erneut, und die Engel heilen Euch.
Ba Ra Sekhem, Ba Ra Sekhem, Ba Ra Sekhem.

Und Namasté heißt, das Göttliche in mir grüßt das Göttliche in Dir.

Namasté.

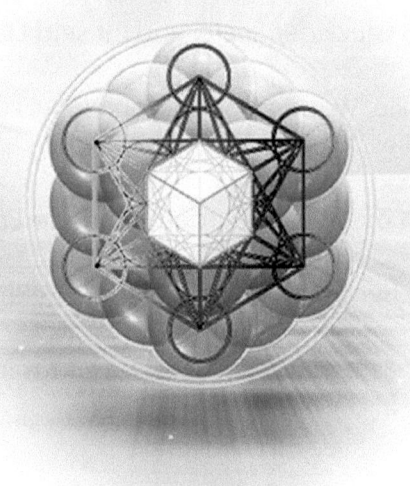

Seid, und Ihr seid Licht.

Ba Ra Sekhem.